EUGÈNE DELACROIX
ET L'ÉCLAT DE LA COULEUR

Le chef de file
du romantisme français

par Thomas Jacquemin

50MINUTES

Avec la collaboration d'Angélique Demur

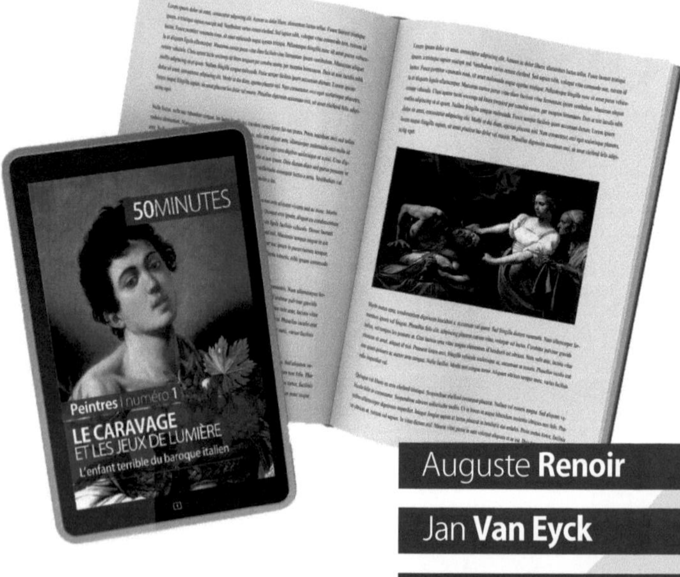

EUGÈNE DELACROIX

- **Naissance ?** Né le 26 avril 1798 à Charenton-Saint-Maurice.
- **Mort ?** Décédé le 13 août 1863 à Paris.
- **Contexte ?** La première moitié du XIXᵉ siècle, une période d'instabilité politique et sociale suite à la Révolution française de 1789, et le romantisme pictural français, mouvement artistique mettant en avant les émotions qui rompt avec le style néoclassique.
- **Œuvres majeures ?**
  - *Dante et Virgile aux Enfers* ou *La Barque de Dante* (1822)
  - *La Mort de Sardanapale* (1827)
  - *L'Assassinat de l'évêque de Liège* (1829)
  - *La Liberté guidant le peuple* (1830)
  - *Les Femmes d'Alger dans leur appartement* (1834)

Peintre emblématique du romantisme pictural français, Eugène Delacroix vit à une période troublée par de nombreux bouleversements politiques, économiques et sociaux. La Première République, le Premier Empire, la Restauration, la monarchie de Juillet, la Seconde République et enfin le Second Empire… tant de révoltes, de violences, de chamboulements sociaux ne peuvent laisser indifférent un homme au caractère aussi passionné.

Dans le contexte instable qui caractérise la première moitié du XIXᵉ siècle, le romantisme, mouvement littéraire et artistique, se manifeste comme une révolution culturelle aux dimensions européennes. L'œuvre d'Eugène Delacroix est évocatrice du désir de liberté qui marque de son sceau tout le courant romantique. L'épanouissement de soi, la violence, la passion et le besoin d'évasion constituent le ciment de son travail. À la recherche de nouvelles harmonies, d'une approche différente des couleurs, et profondément marqué par l'orientalisme, l'artiste crée des formes plus vibrantes et plus mobiles que celles de ses prédécesseurs. Son art, considéré avec indignation par certains de ses contemporains attachés au néoclassicisme, provoque l'enthousiasme de toute une génération d'artistes peintres.

Aujourd'hui encore, Eugène Delacroix est dépeint par beaucoup comme un symbole de la patrie française moderne – *La Liberté guidant le peuple*, son œuvre la plus célèbre, ayant même été choisie pour illustrer les anciens billets de 100 francs français.

LA FIN D'UN MONDE, LA NAISSANCE D'UN AUTRE

On ne peut distinguer Eugène Delacroix du courant dont il est l'une des figures de proue, le romantisme pictural français. De même, le romantisme est intimement lié à l'époque à laquelle il voit le jour, une époque troublée par de nombreux conflits politiques et l'émergence d'un nouveau mode de pensée qui met l'individu au premier plan.

S'il apparaît parallèlement dans différents pays dès la fin du XVIIIe siècle, c'est en Allemagne et en Angleterre que le romantisme connaît son premier grand essor. Mouvement européen, il se répand et diffuse une idéologie du refus, spécifiquement à l'égard d'une époque considérée comme liberticide. Les représentants de ce nouveau courant bravent les règles en vigueur jusque-là dans les milieux artistiques, et mettent en avant l'onirisme, l'exotisme, l'évasion et la sensibilité.

En France, le romantisme émerge après la chute définitive du Premier Empire (1804-1815) de Napoléon Bonaparte (1769-1821), c'est-à-dire à partir de la Première Restauration, en 1815, qui voit le retour sur le trône des Bourbons. Prenant peu à peu le pas sur le néoclassicisme, il s'impose ensuite totalement suite aux journées révolutionnaires des 27, 28 et 29 juillet 1830, les Trois Glorieuses, qui mettent fin à la Seconde Restauration (1815-1830).

LE NÉOCLASSICISME

Le néoclassicisme, qui voit le jour à la fin du XVIIIᵉ siècle, est cher à la Première République (1792-1804) et au Premier Empire. Il préconise, à travers l'imitation des formes de l'Antiquité, un retour à la vertu, à la raison, à l'équilibre et à la simplicité, par opposition aux excès des précédents mouvements, le baroque et le rococo. Le chef de file du néoclassicisme est Jean Auguste Dominique Ingres (1780-1867).

LE ROMANTISME HÉROÏQUE AU CŒUR DES LUTTES SOCIÉTALES

Les journées révolutionnaires de 1830 subliment les esprits et donnent l'inspiration à de nombreux artistes. C'est en référence à ces événements qu'Eugène Delacroix peint *La Liberté guidant le peuple*, célèbre allégorie de la France brandissant le drapeau national et portant le bonnet phrygien orné de la cocarde tricolore sur le champ de bataille.

LES TROIS GLORIEUSES

Le 26 juillet 1830, à Paris, des voix s'élèvent dans les milieux estudiantins et journalistiques contre les ordonnances de Saint-Cloud qui rétablissent la censure, dissolvent la Chambre et limitent le droit de vote. Le lendemain, les principaux journaux, *Le Globe*, *Le Temps* et *Le National*, sont publiés malgré l'interdiction. Le maréchal Mormont (1774-1852), à la tête de 12 000 hommes, mène alors l'assaut sur les journaux et les imprimeries. Des étudiants et des ouvriers s'arment, des coups de feu sont tirés ; les premières victimes tombent et des barricades sont élevées. L'armée est envoyée en renfort tandis que les Républicains prennent le parti des insurgés. Le 28 juillet, c'est l'insurrection dans tout Paris. Une première délégation demande au roi le retrait des ordonnances. Charles X (1757-1836) refuse, mais, le 29 juillet, la situation est si grave qu'il cède. Charles X est par la suite poussé au départ et remplacé par Louis-Philippe (1773-1850), duc d'Orléans, présenté comme un défenseur de la cause révolutionnaire. Favori des libéraux, ce dernier devient roi des Français le 9 août 1830, sous le nom de Louis-Philippe Iᵉʳ. Cette monarchie dite de Juillet se veut contractuelle : elle se base sur un pacte entre le peuple et le roi. Les Trois Glorieuses sont donc la victoire du peuple autour de valeurs partagées.

Touchée de plein fouet par une crise généralisée en 1846, la France et son gouvernement vacillent. La bourgeoisie, qui était jusque-là du côté de l'État, retire bientôt son soutien à un gouvernement qui n'est plus gage de prospérité. En 1848, c'est à nouveau l'insurrection à Paris. Louis-Philippe Iᵉʳ abdique et la foule réclame un régime républicain. La Seconde République est proclamée le 24 février 1848. Une nouvelle politique est alors mise en vigueur et le romantisme entre lentement en disgrâce.

LE NATIONALISME, COMPAGNON DU ROMANTISME

La période de la Restauration et de la monarchie de Juillet, qui voit le développement du romantisme, est également marquée par un renouveau de la pensée. À l'heure du libéralisme politique et économique se développent le nationalisme, l'intérêt pour les origines des peuples, pour les civilisations anciennes et étrangères, et bien entendu pour l'histoire glorieuse de la nation. Profondément ancrés dans leur époque, les artistes romantiques sont marqués par ce phénomène. L'intérêt pour le Moyen Âge, son architecture, son histoire et ses légendes s'avère un terreau fertile à l'imaginaire collectif. Ce regard résolument tourné vers le passé national et médiéval, l'imaginaire et la nature indomptée plutôt que vers la culture gréco-romaine antique comme c'était le cas des mouvements antérieurs (notamment l'humanisme et le classicisme), est également la conséquence du développement des industries, de l'apparition des chemins de fer et de l'éclosion de politiques financières exacerbées. En effet, ce monde en perpétuel changement engendre un sentiment de nostalgie pour ce que d'aucuns considèrent comme un monde plus sauvage, plus beau, plus proche de la nature et de ses mystères, bref le pays fantasmé de « nos » ancêtres. D'autre part, pour échapper aux nombreux bouleversements dont ils sont les témoins, les artistes romantiques se tournent vers leur intériorité, exaltant leur moi profond et accordant une place inédite à l'expression de leurs sentiments personnels. Il s'agit là de l'une des principales caractéristiques du mouvement.

L'attrait d'Eugène Delacroix et de ses pairs pour les cultures et les civilisations d'Orient et d'Afrique du Nord trouve également sa source dans les premières expansions coloniales européennes. En effet, c'est en juin 1830 que l'armée française débarque en Algérie pour entamer une conquête qui s'achèvera en 1847 et verra, dès 1848, la création des départements français d'Algérie.

BIOGRAPHIE

LA JEUNESSE ET LES PREMIÈRES ŒUVRES

Eugène Delacroix voit le jour le 26 avril 1798 à Charenton-Saint-Maurice, non loin de Paris, en bord de Seine. Dernier-né de quatre enfants, il appartient à une famille de la haute bourgeoisie déjà en place sous l'Ancien Régime. Victoire Oeben, sa mère, à la fortune respectable, est la descendante de grands ébénistes. Son père, Charles Delacroix, élevé à des titres importants grâce à la Révolution, occupe tour à tour les postes de ministre, d'ambassadeur et de préfet. Très jeune, Eugène Delacroix doit faire face à la perte de plusieurs de ses proches : son père meurt en 1805, son frère aîné en 1807, sa mère en 1814, puis sa sœur aînée plus tard, en 1827. Le sentiment de solitude généré par ces deuils persistera toute son existence, ainsi qu'il l'écrit dans son *Journal*, dans lequel il aime transcrire ses états d'âme.

Très tôt, Eugène Delacroix se fait remarquer par son talent et sa nervosité graphique. En 1816, il entre dans l'atelier de Pierre-Narcisse Guérin (1774-1833), qui dispense un enseignement néoclassique, et intègre l'École nationale des beaux-arts. Ainsi, ses premières œuvres sont inspirées par des artistes tels que Michel-Ange (1475-1564) ou Raphaël (1483-1520). Toutefois, il suit de près la carrière d'Antoine-Jean Gros (1771-1835) et de Théodore Géricault (1791-1824), des précurseurs en termes de romantisme et de puissance narratrice. *Le Radeau de la méduse* (1819), de Géricault, suscite chez lui un vif enthousiasme. C'est suite à la découverte de cette œuvre que le jeune homme réalise *La Barque de Dante* en 1822. Les critiques de l'époque sont alors partagés entre mépris et admiration. À la mort de Géricault, en 1824, Eugène Delacroix devient le chef de file de l'école romantique. *Les Massacres de Scio*, la même année, viennent confirmer son incroyable talent et le consacrer dans son nouveau rôle.

Par ailleurs, grâce au statut de sa famille, Eugène Delacroix devient rapidement un homme du monde accueilli dans les cercles les plus fermés. Attaché à des personnalités influentes, il fait l'objet de consécrations officielles, qui contrebalancent les thèmes et l'approche révolutionnaire de son art. Parmi ces personnages importants, le plus célèbre est le prince Charles-Maurice de Talleyrand-Périgord (1754-1838) dont d'aucuns prétendent qu'il est le père naturel d'Eugène Delacroix. Aussi, tout au long de sa vie, le peintre s'attache-t-il davantage à des amitiés solides qu'à ses relations amoureuses qui ne sont bien souvent que des passades. Ses liaisons de longue durée n'aboutissent elles-mêmes jamais au mariage.

LES INFLUENCES ANGLAISES ET ORIENTALES

De mai à août 1825, le peintre effectue un voyage en Angleterre. Moins évoqué que son voyage en Afrique du Nord, ce séjour a pourtant une grande influence sur l'artiste. À Londres, Eugène Delacroix est très impressionné par le caractère de la population anglaise, qui mêle selon lui dandysme et agressivité. De même, le théâtre shakespearien et son style passionné laissent une trace indélébile sur le travail du peintre. En Angleterre, il découvre également une peinture plus libre, moins réaliste mais d'une coloration plus ingénieuse et plus fluide, qui l'amène à se détacher définitivement du néoclassicisme. Il est profondément marqué, entre autres, par les tableaux de John Constable (1776-1837).

C'est à partir des années 1825 qu'Eugène Delacroix se passionne pour l'Orient, dont il étudie les croyances et les anciennes civilisations. De même, il est attiré par l'islam et son art. Cette période, jusqu'en

1830, peut être considérée comme la plus raffinée de l'artiste sur le plan pictural, ainsi que comme l'apogée de son style romantique. Les femmes, voluptueuses et sensuelles, dont la beauté est exaltée au cœur de décors orientaux, sont mises à l'honneur plus d'une fois. De même, toujours à la recherche de mouvement et d'intensité, Delacroix peint des scènes de guerre et de frénésie parsemées d'éléments arabo-musulmans. Œuvre emblématique de cette période, *La Mort de Sardanapale* (1827) constitue un condensé de l'intérêt romantique de l'artiste pour l'Orient.

En 1830, les Trois Glorieuses marquent considérablement Eugène Delacroix, qui immortalise ces événements dans son tableau le plus célèbre, *La Liberté guidant le peuple*. Le romantisme, Eugène Delacroix en tête, est désormais incontournable.

PEINDRE LA RÉVOLUTION

Eugène Delacroix n'est pas le seul à mettre en peinture les événements de juillet. Pour ne citer qu'eux, autour du même thème, Victor Schnetz (1787-1870) peint le *Combat devant l'Hôtel de Ville de Paris le 28 juillet 1830*, tandis qu'Hippolyte Lecomte (1781-1857) représente le *Combat de la porte Saint-Denis*.

De décembre 1831 à juillet 1832, dans le cadre de la conquête française de l'Algérie, Eugène Delacroix est chargé d'accompagner une importante ambassade en route vers le Maroc. Il y tient le rôle de peintre-historiographe. Si l'opération diplomatique se solde par un échec – le sultan Abd-er-Rahman (1778-1859) refusant de retirer son soutien aux Algériens –, le voyage est une source d'inspiration exceptionnelle pour l'artiste. Les toiles qu'il peint durant son périple, si elles ne rompent pas avec son approche romantique, se focalisent davantage sur les visages, les expressions, les lieux, les paysages et la vie quotidienne des Nord-Africains. Il y développe aussi un autre versant de son tempérament artistique : là où le mouvement romantique prône la mise en avant des instincts et des émotions, Eugène Delacroix se tourne vers une pensée plus rigoureuse, plus ordonnée, plus froide. Il cherchera désormais à trouver l'équilibre entre ces deux aspects de sa personnalité.

UN ART DE PLUS EN PLUS CONTRÔLÉ

Dès le milieu des années 1830, Eugène Delacroix prend de la distance vis-à-vis de l'exaltation du mouvement romantique qu'il a contribué à développer. Parallèlement, l'artiste est mis à l'honneur et reçoit d'importantes commandes comme la décoration des bibliothèques du palais Bourbon (1833-1847) et du palais du Luxembourg (1840-1846), de la chapelle des Saints-Anges à Saint-Sulpice (1850-1861) ou encore de la galerie d'Apollon au musée du Louvre (1849-1854). Son art se révèle alors plus contrôlé.

Eugène Delacroix vieillit de manière solitaire, se consacrant principalement à ses œuvres. Il meurt le 13 août 1863 dans son appartement à Paris aux abords de Saint-Sulpice, sans jamais s'être marié. Dans son testament, l'artiste déclare : « Ce que le public n'en pourra saisir, les artistes le comprendront. » (HUYGUE (René), *Delacroix ou le Combat solitaire*, Paris, Hachette, 1964, p. 27)

CARACTÉRISTIQUES

LA COULEUR AU DÉTRIMENT DU DESSIN

L'œuvre d'Eugène Delacroix est avant tout célèbre pour ses peintures sur toile. Mais, dès les années 1830, plusieurs commandes le conduisent à travailler sur de grandes fresques décoratives pour l'embellissement de bâtiments prestigieux. De ses premiers travaux, on retient également des gravures.

Formé à la manière des artistes néoclassiques à un dessin de forme dans un cadre linéaire, Eugène Delacroix crée rapidement des formes plus modelées et plus travaillées par la luminosité et les reflets variés. Les courbes et les lignes dominantes au cœur de ses toiles subdivisent et forment des dispositions inattendues et novatrices qui lui valent en son temps critiques et louanges. Afin de sortir du cadre pictural académique dans lequel il évolue au cours de ses premières années de formation artistique, Eugène Delacroix se tourne vers l'application de la tache et du lavis (technique picturale consistant en l'utilisation d'une seule couleur délayée à l'eau), qu'il utilise abondamment.

En outre, tout au long de sa carrière, l'artiste étudie les contrastes des couleurs et cherche différents moyens pour accorder une plus grande importance à la couleur par rapport au dessin, et ainsi obtenir un art qui tranche avec celui de ses prédécesseurs. Pour ce faire, le peintre se fait notamment virtuose dans l'utilisation de l'aquarelle et de la gouache. Aussi, avec les années, développe-t-il une technique consistant à entremêler les teintes et à briser les frontières entre les différentes plages de couleur. Les formes se lient alors par l'entrelacement des tons pour créer davantage de vibrations et de vie. Cette technique, appelée le « flochetage », arrive à son apogée vers la fin de la vie de l'artiste.

Ainsi, à l'aide de la couleur, l'œuvre d'Eugène Delacroix conduit à se libérer du dessin et des contours. De manière générale, toute la peinture romantique joue sur les différences de tons et de couleurs, ainsi que sur les jeux d'ombre et de lumière, magnifiant le clair-obscur.

DES THÈMES ÉCLECTIQUES

Eugène Delacroix fait du chevalier l'un de ses thèmes privilégiés. Le cheval, animal bondissant à l'œil expressif, symbole de vitesse, de nervosité et de fougue – caractéristiques assimilées au combat – est une figure récurrente chez les romantiques.

Au centre de ses thématiques orientales, on trouve majoritairement des femmes, des scènes de combat et de chasse, des personnages aux costumes chamarrés évoluant dans des décors arabisants dignes des *Mille et une Nuits*, tous ces éléments se trouvant parfois réunis au sein d'un même tableau.

Mais en romantique qui se respecte, Eugène Delacroix aborde aussi le Moyen Âge, même si ses œuvres sur ce thème n'ont pas le caractère féérique et imaginaire que lui confèrent bon nombre des peintres romantiques, principalement en Allemagne et au Royaume-Uni. Chez Eugène Delacroix, le Moyen Âge se fait parfois sombre, et l'héroïsme est souvent teinté de cruauté et de violence.

Les thématiques mythiques, héroïques, d'inspiration antique ou biblique ou encore les scènes issues du monde du théâtre ne sont pas en reste. On peut voir, à l'occasion, les influences héritées de sa première formation néoclassique et de son voyage en Angleterre, dans des œuvres aux sujets plus classiques. Par ailleurs, de nombreuses sources d'inspiration d'Eugène Delacroix sont des figures littéraires : Robert Burns (1759-1796), Goethe (1749-1832), Walter Scott (1771-1832) ou encore Lord Byron (1788-1824).

Les paysages dépourvus de traces humaines sont plutôt marginaux au sein de la production de l'artiste. Chez lui, la nature est le plus souvent accompagnée d'hommes. Par ailleurs, Eugène Delacroix est l'auteur de nombreux portraits de ses contemporains – amis, membres de la famille et personnalités.

- 17 -

DANTE ET VIRGILE AUX ENFERS OU *LA BARQUE DE DANTE*

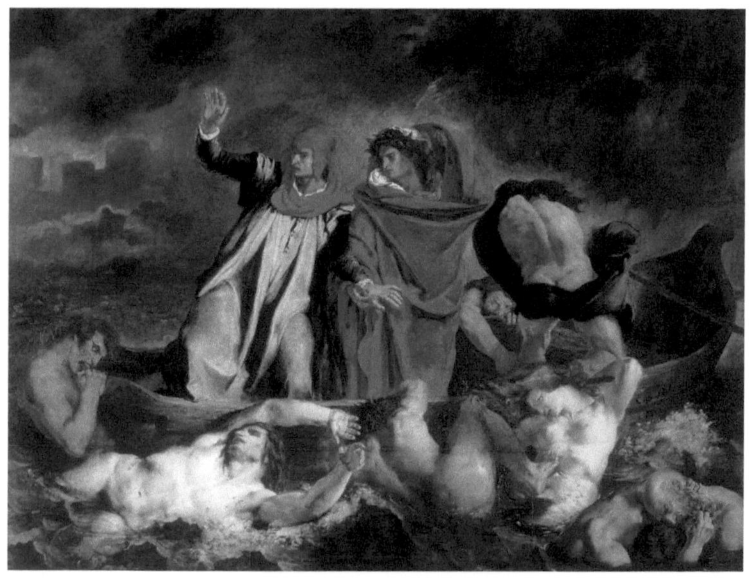

Dante et Virgile aux Enfers ou *La Barque de Dante*, 1822, huile sur toile, 189 x 241 cm, Paris, musée du Louvre.

Peint en 1822, La Barque de Dante est le premier chef-d'œuvre d'Eugène Delacroix. Ce tableau illustre de manière significative à la fois la formation classique de l'artiste et son originalité. Si les corps – sculpturaux et remarquables de précision sur le plan anatomique – sont de facture néoclassique, l'ambiance violente, sombre et chargée d'émotions, soutenue en cela par des contrastes de couleur brutaux, annonce le romantisme de Delacroix. Par les petites touches de peinture foncée formant des arrondis sur une peinture plus claire, les corps, les drapés et les éléments de décor ressortent avec force dans un modelé très marqué.

Au centre de l'œuvre, on trouve Dante Alighieri (1265-1321), poète et écrivain italien du XIIIe siècle, et Virgile (70-19 av. J.-C.), poète latin du Ier siècle av. J.-C. Ce dernier est reconnaissable au long tissu rouge dont il est drapé, évocation du monde romain. Dans les eaux tumultueuses du fleuve des Enfers, des personnages nus s'agrippent à la barque sur laquelle se tiennent les deux penseurs et tentent d'y grimper. Sur leurs visages, on peut lire la terreur, la rage, l'affolement. L'émotion, caractéristique du mouvement romantique, est palpable. Enfin, à l'arrière-plan, baignant dans une lumière menaçante et une brume obscure, on distingue une muraille d'où s'élève un incendie : il s'agit des Enfers. Envisagés selon la conception chrétienne, ces lieux constituent la dernière demeure des pécheurs condamnés aux souffrances éternelles.

La présence des deux personnages principaux est une référence directe à *La Divine Comédie* (écrite entre 1307 et 1321), œuvre de Dante Alighieri composée de trois parties : l'*Enfer*, le *Purgatoire* et le *Paradis*. Dans l'*Enfer*, Dante Alighieri, conduit par Virgile, visite et décrit l'Enfer. Cette embarcation, l'agitation extrême qui se dégage de l'œuvre et les personnages nus plongés dans des attitudes de souffrance évoquent *Le Radeau de la méduse* de Théodore Géricault. Enfin, le modelé et l'organisation de l'espace sont comparables à ceux du *Débarquement de Marie de Médicis à Marseille* (1623) réalisé par Peter Paul Rubens (1577-1640), qui a beaucoup marqué Eugène Delacroix au début de sa carrière.

LA MORT DE SARDANAPALE

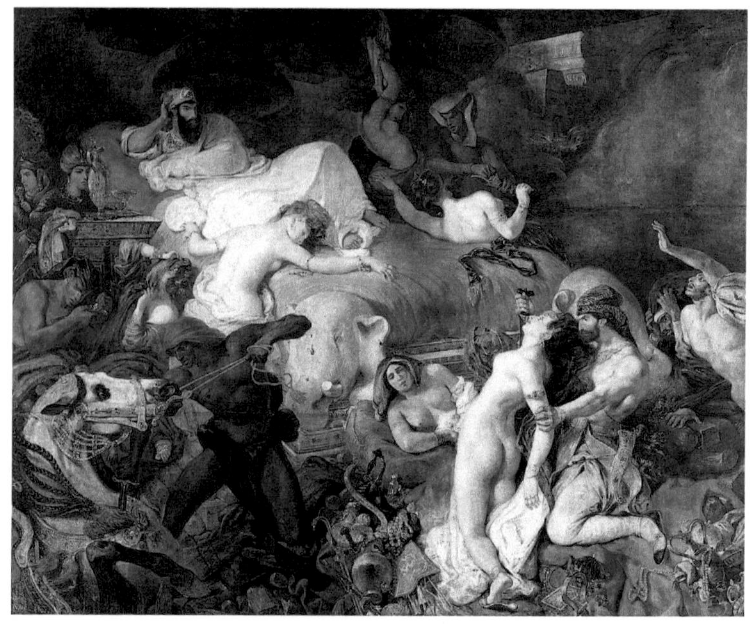

La Mort de Sardanapale, 1827, huile sur toile, 392 × 496 cm, Paris, musée du Louvre.

L'attrait des romantiques pour l'inconnu les pousse à voyager, principalement en Orient. Ils s'intéressent alors aux différentes histoires, anciennes et récentes, et aux traditions des peuples de ces régions.

La Mort de Sardanapale constitue un condensé des éléments orientaux qui suscitent l'intérêt d'Eugène Delacroix. Sur cette toile célèbre se mêlent des femmes sensuelles aux formes pulpeuses, des scènes de violence, de magnifiques décors orientaux dont les nuances rougeoyantes évoquent le sang, et un cheval harnaché d'or et aux yeux emplis de crainte.

Plus précisément, ce tableau évoque la mort du roi Sardanapale, un roi assyrien ayant vécu au Proche-Orient au cours du VIIe siècle avant notre ère. Selon les textes antiques, alors qu'il était vaincu et que sa ville allait être prise par ses ennemis, Sardanapale décréta qu'il ne leur laisserait rien. Il fit alors incendier son palais et tout ce qui lui appartenait, dont l'ensemble de ses serviteurs et de ses animaux. Le caractère éminemment romantique du thème traité, par les passions, la violence et les émotions qu'il contient, ne fait pas le moindre doute. Le moi mis en avant par le mouvement romantique prime également dans cette toile, puisque Sardanapale commet là un acte purement égoïste.

La structure de la peinture rompt avec la linéarité. Une grande diagonale lumineuse entourée d'ombres traverse la composition. Par un effet de resserrement, le regard est dirigé vers le centre du tableau, où il n'y a rien. L'action est articulée autour de ce vide, ce qui accentue l'impression de désordre, en un tourbillon de petites scènes. Ce chaos simulé emporte le spectateur, qui est directement enveloppé dans l'action, d'autant plus que les personnages de l'œuvre sont à échelle humaine.

L'ASSASSINAT DE L'ÉVÊQUE DE LIÈGE

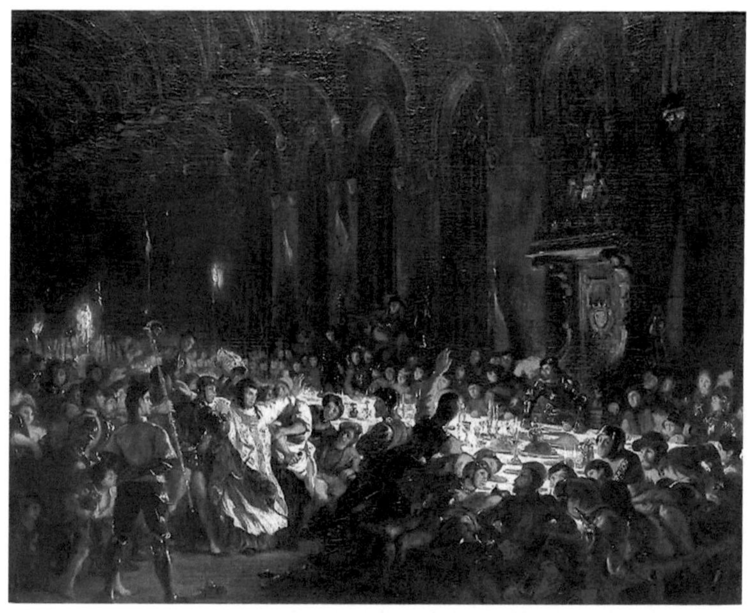

L'Assassinat de l'évêque de Liège, 1829, huile sur toile, 91 x 116 cm, Paris, musée du Louvre.

Cette huile sur toile réalisée en 1829 relate les suites de la prise du palais épiscopal de Liège par Guillaume de La Marck (vers 1446-1485) après sa révolte. L'œuvre présente un banquet. On y voit Louis de Bourbon (1438-1482), prince-évêque de Liège, agrippé par des hommes qui s'apprêtent à le mettre à mort. L'homme d'église est vêtu d'une soutane blanche et de ses ornements épiscopaux. Ses bras en croix, il pose en martyre. L'assistance est hébétée et soumise, tiraillée entre la peur, la réprobation et une fascination morbide. Face à l'homme d'église, de l'autre côté de la table, se tient Guillaume de La Marck, dans une armure noire scintillante. Le seigneur est attablé à la place réservée à l'homme d'église dont il a ordonné l'exécution. L'antagonisme entre les deux principaux protagonistes est évident :

le prélat, en blanc, irradie et se présente en proie inoffensive, tandis que Guillaume de La Marck, dans son armure sombre, se tient dans la posture d'un prédateur prêt à bondir. L'œuvre évoque ainsi cette opposition entre le bourreau et sa victime, entre la violence et la résignation.

Les événements peints par Delacroix ont lieu dans le cadre des nombreuses révoltes qui touchent les Pays-Bas bourguignons dans le courant du XVe siècle. Avec *L'Assassinat de l'évêque de Liège*, le peintre évoque le côté lugubre et angoissant des révoltes médiévales, les rêves obscurs de la révolution et la faiblesse du peuple.

Une fois de plus, Eugène Delacroix délaisse la linéarité. Il concentre sa scène autour de la table de banquet dont la blancheur presque éblouissante contraste avec les tons sombres de l'assemblée. Au même titre que l'évêque, cette grande table éclaire littéralement les personnages alentour par des projections de lumière dont la force diminue à mesure qu'on s'éloigne du centre. On peut y voir la représentation d'une lutte entre la clarté, synonyme de paix et de justice, et l'ombre, représentant la brutalité et l'injustice. La blancheur immaculée est au centre, cernée par les ténèbres.

LA LIBERTÉ GUIDANT LE PEUPLE

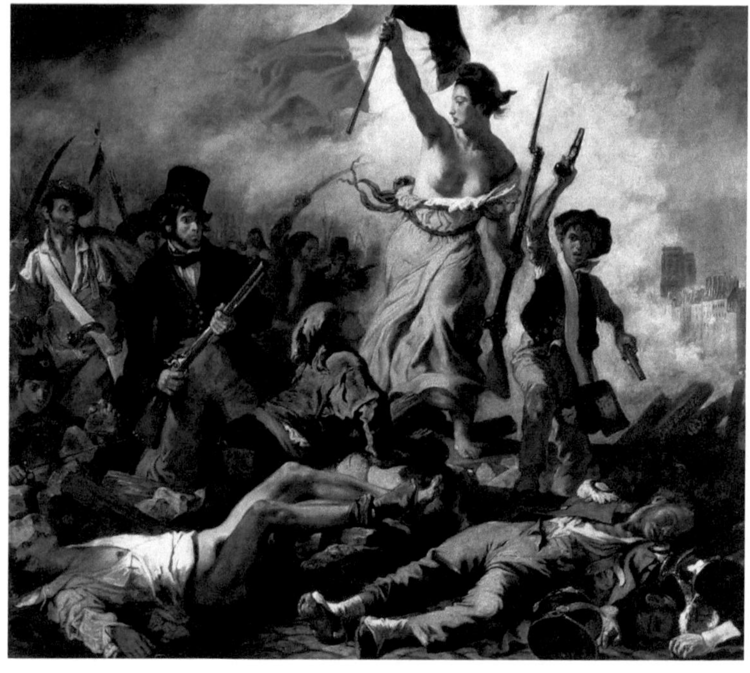

La Liberté guidant le peuple, 1830, huile sur toile, 260 × 325 cm, Paris, musée du Louvre.

En opposition à *L'Assassinat de l'évêque de Liège*, *La Liberté guidant le peuple* correspond au versant lumineux de la révolte. Cette toile, illustrant la deuxième journée de la révolution des Trois Glorieuses, représente le peuple luttant pour l'avènement d'une société nouvelle.

Des cadavres à l'avant-plan sont sur le point d'être enjambés par des révolutionnaires à la tête desquels on trouve une femme du peuple, un drapeau tricolore à la main, qui mène la masse populaire au combat. Sur la droite, un enfant armé de deux pistolets est également intégré à la scène. Il correspond à un personnage-type de l'iconographie révolutionnaire française, l'enfant des rues, pauvre et assoiffé de liberté, tel que représenté par le personnage de Gavroche dans *Les Misérables* (1862) de Victor Hugo (1802-1885).

Lorsqu'il présente cette toile, Delacroix reçoit de nombreuses critiques. Certains lui reprochent notamment l'aspect bien trop rustre des belligérants, qui paraissent laids et dépourvus de noblesse. Cette représentation ne ressemble en effet en rien à l'idée fantasmée de la lutte pour la liberté, noble et généreuse. Pourtant, les personnages du tableau n'en sont pas moins héroïsés et courageux, le drapeau à la main. Par ailleurs, l'œuvre glorifie non pas le pouvoir en place ou la France face à un quelconque ennemi étranger, mais le bas peuple rageur et enclin à la révolte envers un pouvoir qui l'exploite et l'affame. Cette toile est davantage l'évocation de la révolution dans son refus de toute soumission qu'un tableau glorifiant la nation. Ainsi, elle peut être perçue comme le symbole de la position du romantisme face aux reliquats de l'Ancien Régime. Cette allégorie de la liberté issue du peuple capte l'attention du spectateur par un jeu de lumière intense qui l'auréole et la magnifie.

Un autoportrait ?

Eugène Delacroix ayant brièvement intégré la garde nationale au cours de la révolution de juillet 1830, certains affirment qu'il se serait lui-même représenté sur la toile en la personne de l'homme en haut de forme armé d'un mousquet sur la gauche.

AUTOPORTRAIT AU GILET VERT

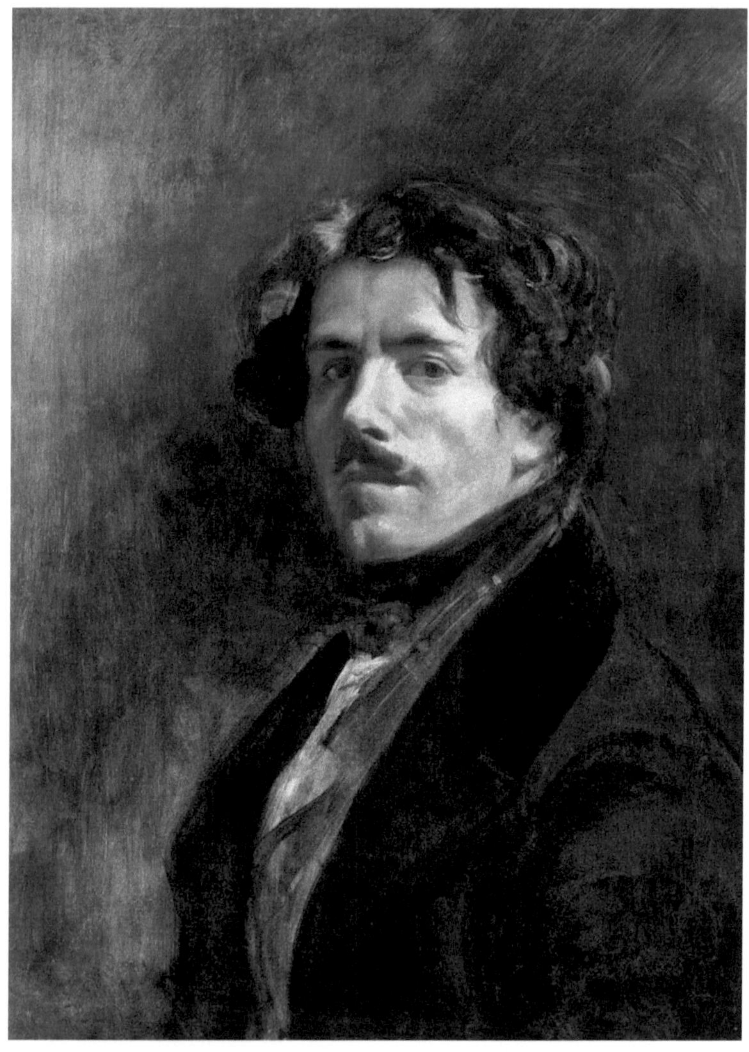

Autoportrait au gilet vert, 1838, huile sur toile, 65 x 54 cm, Paris, musée du Louvre.

Dans cet autoportrait d'Eugène Delacroix, le peintre, les cheveux bouclés tombant au niveau des oreilles et vêtu d'un gilet vert, d'un foulard et d'un manteau noir, semble regarder l'extérieur du tableau et observer le spectateur. L'œuvre présente un jeu de contraste grâce à l'entrelacement des traits de couleur dont l'importance grandit toujours plus face au dessin. L'ensemble crée davantage de vibration et donne plus de vie au personnage. À l'époque où il peint ce tableau, Eugène Delacroix est dans une phase où la musique prend une place importante dans son art. Comme plusieurs peintres à cette période, il compare la peinture à la musique et le ton – la couleur –, au son.

CHASSE AUX LIONS

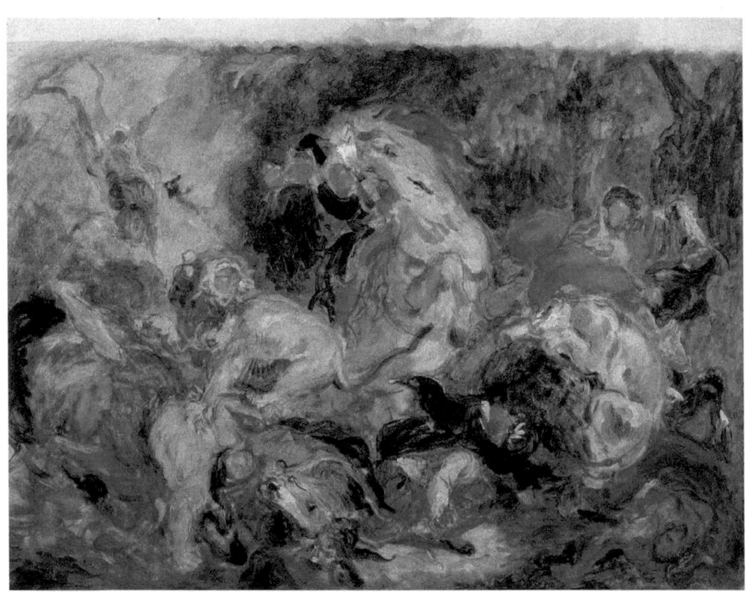

Chasse aux lions, 1854, huile sur toile, 86 x 115 cm, Paris, musée d'Orsay.

Cette œuvre de fin de vie d'Eugène Delacroix, présente des couleurs chaudes rappelant des territoires tels que l'Afrique ou l'Orient. La particularité graphique de cette œuvre réside dans le flou de ses contours. En opposition à une toile évoquant un sujet similaire, *Chasse aux tigres*, peinte la même année et qui se veut une œuvre au romantisme incontestable, le procédé artistique utilisé pour la *Chasse aux lions* fait davantage songer à l'impressionnisme, un mouvement qui éclot au cours de la seconde moitié du XIXe siècle.

L'IMPRESSIONNISME

Le courant impressionniste cherche à mettre en avant le ressenti plus que la chose elle-même. Cette école picturale prend son essor autour de plusieurs expositions parisiennes de 1874 à 1886. Celles-ci marquent la rupture de l'art moderne avec l'académisme. L'impressionnisme délaisse les teintes sombres et se laisse aller à des couleurs plus marquées, plus pures, qui s'entremêlent en touches très variées. C'est dans ce dernier élément que se tient l'influence la plus importante d'Eugène Delacroix sur ce courant.

EUGÈNE DELACROIX, UNE SOURCE D'INSPIRATION

Élu chef de file du romantisme pictural français à la mort de Théodore Géricault, en 1824, Eugène Delacroix exerce naturellement, en tant que tel, une forte influence sur ses contemporains, mais également sur les générations suivantes d'artistes. Son utilisation de la couleur plutôt que du dessin afin de définir une ambiance, une situation ou encore des sentiments marque durablement le monde de la peinture. Ainsi, Eugène Delacroix pose les bases d'une nouvelle façon de peindre qui continue d'inspirer des mouvements ultérieurs tels que l'impressionnisme et le pointillisme, qui plus encore mettent la palette chromatique à l'honneur.

Pour beaucoup, Eugène Delacroix est à l'origine de la peinture moderne. L'impressionnisme et le néo-impressionnisme, ou pointillisme, sont ses héritiers directs. Des peintres comme Camille Pissarro (1830-1903), Alfred Sisley (1839-1899), Paul Cézanne (1839-1906) ou Claude Monet (1840-1926) sont tributaires de sa nouvelle manière d'utiliser la couleur. Chacun à leur façon, les impressionnistes et les courants ultérieurs récupèrent les techniques d'Eugène Delacroix. L'artiste est un modèle.

Avec la parution en 1893 du journal intime du peintre, dans lequel il théorise son approche et sa technique, un véritable culte de son œuvre se développe. La publication en 1899 par Paul Signac (1863-1935) de l'ouvrage *D'Eugène Delacroix au néo-impressionnisme*, cherche ainsi à démontrer, en forçant quelque peu le trait à l'occasion, l'héritage du chef de file du romantisme français dans les nouveaux courants picturaux.

Cet engouement pour Delacroix conduit ses admirateurs à s'inspirer des œuvres de l'artiste pour les travailler sous un nouvel angle ou encore à peindre des toiles en hommage au maître. C'est ainsi que Paul Cézanne achève en 1894 une toile nommée *L'Apothéose de Delacroix*. On peut voir sur cette esquisse deux anges qui soulèvent pour l'emmener au ciel le corps nu d'Eugène Delacroix sous le regard d'adorateurs en prière. Cette toile se veut également la confirmation de l'importance de l'héritage d'Eugène Delacroix chez les impressionnistes, puisque l'homme à son chevalet est Camille Pissarro et que celui au chapeau conique n'est autre que Claude Monet.

Sur le plan littéraire également, Eugène Delacroix ne laisse pas indifférent. Charles Baudelaire (1821-1867) le considère comme le plus grand peintre de son siècle. De même, son influence se retrouve de façon évidente chez Victor Hugo, en particulier dans *Les Misérables* (1862).

De 1954 à 1955, Pablo Picasso (1881-1973) effectue une vingtaine de variations du tableau d'Eugène Delacroix, *Femmes d'Alger dans leur appartement* (1834). Au cours des années qui suivent, l'artiste espagnol peint jusqu'à 250 toiles sur la base de chefs-d'œuvre du patrimoine classique. Sans s'en rendre totalement compte, et alors même que ces œuvres sont effectuées avec un plaisir teinté d'ironie, Pablo Picasso élève Eugène Delacroix au panthéon des plus grands peintres.

EN RÉSUMÉ

- Eugène Delacroix naît en 1798. Issu de la haute bourgeoisie parisienne, il est influencé dans son art et sa vision du monde par les nombreux bouleversements politiques qui marquent la France au XIXᵉ siècle, ainsi que par la volonté du peuple d'être maître de son destin.
- Adolescent, il entre dans l'atelier néoclassique de Pierre-Narcisse Guérin, mais il ne cesse de rechercher une façon plus libre d'envisager la peinture.
- Au début des années 1820, il fait la rencontre de Théodore Géricault et d'Antoine-Jean Gros, qui influencent durablement sa peinture. Le style de Delacroix évolue et se caractérise dorénavant par la force des sentiments et des ambiances pleines d'intensité. Chez lui, la couleur prend davantage d'importance que le dessin. À la mort de Géricault, il devient le chef de file de l'école romantique.
- En 1825, Eugène Delacroix effectue un voyage en Angleterre. Le théâtre britannique et l'esprit anglo-saxon le marquent et l'inspirent. Dans un même temps, il se tourne vers le monde oriental et une peinture plus sensuelle.
- Les événements de juillet 1830 et la chute des Bourbons consacrent la suprématie du romantisme pictural français sur la peinture néoclassique, définitivement mise au ban de la création artistique. L'émulation du moi, à travers le désir de liberté, fait du romantisme la parfaite représentation artistique de son temps.
- En 1831, une ambassade auprès du Sultanat du Maroc donne l'occasion à Eugène Delacroix de découvrir l'Afrique du Nord et sa culture, une importante source d'inspiration pour l'artiste. Le style du peintre s'assagit et évolue vers davantage de retenue.
- Jusqu'à son décès en 1863, Eugène Delacroix est en charge de plusieurs grands chantiers de peinture auprès de la ville de Paris.

POUR ALLER PLUS LOIN

SOURCES BIBLIOGRAPHIQUES

- Alaoui (Brahim) dir., *Delacroix. Le voyage au Maroc*, Paris, Flammarion, 1995.
- Baudelaire (Charles), *L'Art romantique*, Paris, Calmann-Lévy, 1885.
- Caron (Jean-Claude), *La France de 1815 à 1848*, Paris, Armand Colin, 2000.
- De Toreinx (F. R.), *Histoire du romantisme en France*, Slatkine Reprints, 1973.
- Fizaine (Jean-Claude), « Les Romantismes et la révolution de Juillet », in *Romantisme*, 1980, n° 28-29, sur http://www.persee.fr/web/revues/home/prescript/article/roman_0048-8593_1980_num_10_28_5341, consulté le 23/06/2014.
- Gourdin (Henri), *Eugène Delacroix. Biographie*, Paris, Les Éditions de Paris, 1998.
- Huyghe (René), *Delacroix ou le Combat solitaire*, Paris, Robert Laffont, 1990.
- Jobert (Barthélémy), *Delacroix*, Paris, Gallimard, 1997.
- Nelidoc (François), *Talleyrand – Delacroix. Correspondances (1822-1838)*, Éditions S.P.M., 2014.
- Néret (Gilles), *Delacroix. Le prince des romantiques*, Cologne, Taschen, 2003.

SOURCES ICONOGRAPHIQUES

- Delacroix (Eugène), *Autoportrait au gilet vert*, 1838, huile sur toile, 65 x 54 cm, Paris, musée du Louvre. La photo reproduite est réputée libre de droits.

- DELACROIX (Eugène), *Chasse aux lions*, 1854, huile sur toile, 86 x 115 cm, Paris, musée d'Orsay. La photo reproduite est réputée libre de droits.
- DELACROIX (Eugène), *Dante et Virgile aux Enfers* ou *La Barque de Dante*, 1822, huile sur toile, 189 x 241 cm, Paris, musée du Louvre. La photo reproduite est réputée libre de droits.
- DELACROIX (Eugène), *La Liberté guidant le peuple*, 1830, huile sur toile, 260 × 325 cm, Paris, musée du Louvre. La photo reproduite est réputée libre de droits.
- DELACROIX (Eugène), *L'Assassinat de l'évêque de Liège*, 1829, huile sur toile, 91 x 116 cm, Paris, musée du Louvre. La photo reproduite est réputée libre de droits.

50MINUTES

www.50minutes.com

Éditeur responsable : Lemaitre Publishing
Rue Lemaitre 6 | BE-5000 Namur
info@lemaitre-editions.com

ISBN ebook : 978-2-8062-5774-1
ISBN papier : 978-2-8062-5775-8
Dépôt légal : D/2014/12603/156
Photo de couverture : © *Autoportrait au gilet vert*,
par Eugène Delacroix, 1838.

Conception numérique : Primento,
le partenaire numérique des éditeurs